Dieses Buch gehört:

D1735243

I ♥ travel

Go See
THE
WORLD!

Standort: _____

DATUM: _____

WETTER:

☀ ⛅ ☁ 🌧

● ●

HEUTE ERLEBT: _____

_____

_____

_____

- -

HEUTE GESEHEN: _____

_____

_____

- -

HEUTE GEGESSEN: _____

_____

_____

- -

HEUTE GELERNT: _____

_____

_____

_____

_____

Zeichne, was Du gesehen hast:

SO WAR MEIN TAG:

LIEBLINGSERINNERUNG HEUTE: _____

DAFÜR BIN ICH DANKBAR: _____

Standort: _____

DATUM: _____

W ⟡ E
N S

WETTER: ☀ ⛅ ☁ 🌧

HEUTE ERLEBT: _____

HEUTE GESEHEN: _____

HEUTE GEGESSEN: _____

HEUTE GELERNT: _____

Zeichne, was Du gesehen hast:

SO WAR MEIN TAG:

LIEBLINGSERINNERUNG HEUTE:

DAFÜR BIN ICH DANKBAR:

Standort: _____

_____

DATUM: _____

WETTER:

N
W   E
S

HEUTE ERLEBT: _____

HEUTE GESEHEN: _____

HEUTE GEGESSEN: _____

HEUTE GELERNT: _____

Zeichne, was Du gesehen hast:

SO WAR MEIN TAG:

LIEBLINGSERINNERUNG HEUTE: _____

DAFÜR BIN ICH DANKBAR: _____

Standort:

N
W E
S

HEUTE ERLEBT:

HEUTE GESEHEN:

HEUTE GEGESSEN:

HEUTE GELERNT:

Zeichne, was Du gesehen hast:

SO WAR MEIN TAG:

LIEBLINGSERINNERUNG HEUTE:

DAFÜR BIN ICH DANKBAR:

Standort: _____

DATUM: _____

N — _____

W ✦ E — _____

S

WETTER: ☀ ⛅ ☁ 🌧

HEUTE ERLEBT: _____

HEUTE GESEHEN: _____

HEUTE GEGESSEN: _____

HEUTE GELERNT: _____

Zeichne, was Du gesehen hast:

SO WAR MEIN TAG:

LIEBLINGSERINNERUNG HEUTE: _____

DAFÜR BIN ICH DANKBAR: _____

Standort: _____

N
W ✦ E _____
S

WETTER:

☀ ⛅ ☁ 🌧

•••

HEUTE ERLEBT: _____

_____

_____

_____

_____

_____

- -

HEUTE GESEHEN: _____

_____

_____

_____

_____

- -

HEUTE GEGESSEN: _____

_____

_____

_____

_____

- -

HEUTE GELERNT: _____

_____

_____

_____

_____

_____

Zeichne, was Du gesehen hast:

SO WAR MEIN TAG:

LIEBLINGSERINNERUNG HEUTE: _____

DAFÜR BIN ICH DANKBAR: _____

Standort: _____

DATUM: _____

WETTER:

N
W —————— E
S

•••••••••••••••••••••••••••••••••••••

HEUTE ERLEBT: _____

_____

_____

_____

_____

- - - - - - - - - - - - - - -

HEUTE GESEHEN: _____

_____

_____

_____

- - - - - - - - - - - - - - -

HEUTE GEGESSEN: _____

_____

_____

_____

- - - - - - - - - - - - - - -

HEUTE GELERNT: _____

_____

_____

_____

_____

Zeichne, was Du gesehen hast:

SO WAR MEIN TAG:

LIEBLINGSERINNERUNG HEUTE: _____

DAFÜR BIN ICH DANKBAR: _____

Standort:

_____

_____

N
W ✦ E
S

_____

DATUM: _____

WETTER:

☀ ⛅ ☁ 🌧

HEUTE ERLEBT: _____

_____

_____

_____

_____

HEUTE GESEHEN: _____

_____

_____

_____

HEUTE GEGESSEN: _____

_____

_____

_____

HEUTE GELERNT: _____

_____

_____

_____

_____

_____

Zeichne, was Du gesehen hast:

SO WAR MEIN TAG:

LIEBLINGSERINNERUNG HEUTE:

DAFÜR BIN ICH DANKBAR:

Standort: _____

N
W — E
S

WETTER:

HEUTE ERLEBT: _____

HEUTE GESEHEN: _____

HEUTE GEGESSEN: _____

HEUTE GELERNT: _____

Zeichne, was Du gesehen hast:

SO WAR MEIN TAG:

LIEBLINGSERINNERUNG HEUTE: _____

DAFÜR BIN ICH DANKBAR: _____

Standort: _____

DATUM: _____

_____

_____

WETTER:

HEUTE ERLEBT: _____

HEUTE GESEHEN: _____

HEUTE GEGESSEN: _____

HEUTE GELERNT: _____

Zeichne, was Du gesehen hast:

SO WAR MEIN TAG:

LIEBLINGSERINNERUNG HEUTE: _____

DAFÜR BIN ICH DANKBAR: _____

Standort: _____

DATUM: _____

N
W   E
S

WETTER:

_____

HEUTE ERLEBT: _____

_____

_____

_____

_____

_____

- - - - - - - - - - - -

HEUTE GESEHEN: _____

_____

_____

_____

- - - - - - - - - - - -

HEUTE GEGESSEN: _____

_____

_____

_____

- - - - - - - - - - - -

HEUTE GELERNT: _____

_____

_____

_____

_____

_____

Zeichne, was Du gesehen hast:

SO WAR MEIN TAG:

LIEBLINGSERINNERUNG HEUTE: _____

DAFÜR BIN ICH DANKBAR: _____

Standort: _____

DATUM: _____

WETTER:

☀ ⛅ ☁ 🌧

●●

HEUTE ERLEBT: _____
_____
_____
_____
_____
_____

- -

HEUTE GESEHEN: _____
_____
_____
_____

- -

HEUTE GEGESSEN: _____
_____
_____
_____

- -

HEUTE GELERNT: _____
_____
_____
_____
_____
_____

Zeichne, was Du gesehen hast:

SO WAR MEIN TAG:

LIEBLINGSERINNERUNG HEUTE:

DAFÜR BIN ICH DANKBAR:

Standort: _____

DATUM: _____

N
W E
S

WETTER:

HEUTE ERLEBT: _____

HEUTE GESEHEN: _____

HEUTE GEGESSEN: _____

HEUTE GELERNT: _____

Zeichne, was Du gesehen hast:

SO WAR MEIN TAG:

LIEBLINGSERINNERUNG HEUTE: _____

DAFÜR BIN ICH DANKBAR: _____

Standort:

DATUM:

WETTER:

N

W E

S

HEUTE ERLEBT:

HEUTE GESEHEN:

HEUTE GEGESSEN:

HEUTE GELERNT:

Zeichne, was Du gesehen hast:

SO WAR MEIN TAG:

LIEBLINGSERINNERUNG HEUTE: _____

DAFÜR BIN ICH DANKBAR: _____

Standort: _____

N
W — E
S

WETTER:

_____

HEUTE ERLEBT: _____

_____
_____
_____
_____
_____

- - - - - - - - - - - - - - - - - -

HEUTE GESEHEN: _____

_____
_____
_____

- - - - - - - - - - - - - - - - - -

HEUTE GEGESSEN: _____

_____
_____
_____

- - - - - - - - - - - - - - - - - -

HEUTE GELERNT: _____

_____
_____
_____
_____
_____

Zeichne, was Du gesehen hast:

SO WAR MEIN TAG:

LIEBLINGSERINNERUNG HEUTE: _____

DAFÜR BIN ICH DANKBAR: _____

Standort: _____

N
W E
S

WETTER:

_____

HEUTE ERLEBT: _____
_____
_____
_____
_____
_____
_____

HEUTE GESEHEN: _____
_____
_____
_____

HEUTE GEGESSEN: _____
_____
_____
_____

HEUTE GELERNT: _____
_____
_____
_____
_____
_____
_____

Zeichne, was Du gesehen hast:

SO WAR MEIN TAG:

LIEBLINGSERINNERUNG HEUTE: _____

DAFÜR BIN ICH DANKBAR: _____

Standort:

DATUM:

WETTER:

HEUTE ERLEBT:

HEUTE GESEHEN:

HEUTE GEGESSEN:

HEUTE GELERNT:

Zeichne, was Du gesehen hast:

SO WAR MEIN TAG:

LIEBLINGSERINNERUNG HEUTE: _____

DAFÜR BIN ICH DANKBAR: _____

Standort: _____

DATUM: _____

N
W ◆ E
S
_____

WETTER:

☀ ⛅ ☁ 🌧

●●●

HEUTE ERLEBT: _____

_____

_____

_____

_____

- - - - - - - - - - - - - - - - - - - -

HEUTE GESEHEN: _____

_____

_____

_____

- - - - - - - - - - - - - - - - - - - -

HEUTE GEGESSEN: _____

_____

_____

_____

- - - - - - - - - - - - - - - - - - - -

HEUTE GELERNT: _____

_____

_____

_____

_____

Zeichne, was Du gesehen hast:

SO WAR MEIN TAG:

LIEBLINGSERINNERUNG HEUTE: _____

DAFÜR BIN ICH DANKBAR: _____

Standort: _____

DATUM: _____

_____

WETTER:

N
W — E
S

_____

HEUTE ERLEBT: _____

_____
_____
_____
_____
_____
_____

- - - - - - - - - - - - - - - - -

HEUTE GESEHEN: _____

_____
_____
_____

- - - - - - - - - - - - - - - - -

HEUTE GEGESSEN: _____

_____
_____
_____

- - - - - - - - - - - - - - - - -

HEUTE GELERNT: _____

_____
_____
_____
_____
_____

Zeichne, was Du gesehen hast:

SO WAR MEIN TAG:

LIEBLINGSERINNERUNG HEUTE: _____
_____

_____
_____

DAFÜR BIN ICH DANKBAR: _____
_____
_____

_____
_____

Standort: _____

DATUM: _____

N
W · E
S

_____

WETTER:

☀ ⛅ ☁ 🌧

•••

HEUTE ERLEBT: _____

_____

_____

_____

_____

- -

HEUTE GESEHEN: _____

_____

_____

_____

- -

HEUTE GEGESSEN: _____

_____

_____

_____

- -

HEUTE GELERNT: _____

_____

_____

_____

_____

Zeichne, was Du gesehen hast:

SO WAR MEIN TAG:

LIEBLINGSERINNERUNG HEUTE: _____

DAFÜR BIN ICH DANKBAR: _____

Standort: _____

DATUM: _____

```
      N
  W --+-- E
      S
```
_____

WETTER:

☀ ⛅ ☁ 🌧

HEUTE ERLEBT: _____
_____
_____
_____
_____
_____

HEUTE GESEHEN: _____
_____
_____
_____

HEUTE GEGESSEN: _____
_____
_____
_____

HEUTE GELERNT: _____
_____
_____
_____
_____
_____

Zeichne, was Du gesehen hast:

SO WAR MEIN TAG:

LIEBLINGSERINNERUNG HEUTE: _____

DAFÜR BIN ICH DANKBAR: _____

Standort: _____

DATUM: _____

WETTER:

_____

HEUTE ERLEBT: _____

HEUTE GESEHEN: _____

HEUTE GEGESSEN: _____

HEUTE GELERNT: _____

Zeichne, was Du gesehen hast:

SO WAR MEIN TAG:

LIEBLINGSERINNERUNG HEUTE: _____

DAFÜR BIN ICH DANKBAR: _____

Standort: _____

DATUM: _____

WETTER:

N

W   E

S

HEUTE ERLEBT: _____

_____

_____

_____

_____

_____

- - - - - - - - - - - - - -

HEUTE GESEHEN: _____

_____

_____

_____

- - - - - - - - - - - - - -

HEUTE GEGESSEN: _____

_____

_____

_____

- - - - - - - - - - - - - -

HEUTE GELERNT: _____

_____

_____

_____

_____

Zeichne, was Du gesehen hast:

SO WAR MEIN TAG:

LIEBLINGSERINNERUNG HEUTE: _____

DAFÜR BIN ICH DANKBAR: _____

Standort:

DATUM: _____

WETTER:

N
W — E
S

HEUTE ERLEBT: _____

HEUTE GESEHEN: _____

HEUTE GEGESSEN: _____

HEUTE GELERNT: _____

Zeichne, was Du gesehen hast:

SO WAR MEIN TAG:

LIEBLINGSERINNERUNG HEUTE: _____

DAFÜR BIN ICH DANKBAR: _____

Standort: _____

DATUM: _____

WETTER:

N
W E
S

HEUTE ERLEBT: _____

HEUTE GESEHEN: _____

HEUTE GEGESSEN: _____

HEUTE GELERNT: _____

Zeichne, was Du gesehen hast:

SO WAR MEIN TAG:

LIEBLINGSERINNERUNG HEUTE:

DAFÜR BIN ICH DANKBAR:

Standort:

DATUM:

N
W E
S

WETTER:

HEUTE ERLEBT:

HEUTE GESEHEN:

HEUTE GEGESSEN:

HEUTE GELERNT:

Zeichne, was Du gesehen hast:

SO WAR MEIN TAG:

LIEBLINGSERINNERUNG HEUTE:

DAFÜR BIN ICH DANKBAR:

Standort: _____

DATUM: _____

WETTER:

N
W E
S

HEUTE ERLEBT: _____

HEUTE GESEHEN: _____

HEUTE GEGESSEN: _____

HEUTE GELERNT: _____

Zeichne, was Du gesehen hast:

SO WAR MEIN TAG:

LIEBLINGSERINNERUNG HEUTE:

DAFÜR BIN ICH DANKBAR:

Standort: _____

DATUM: _____

WETTER:

N

W — E

S

HEUTE ERLEBT: _____

HEUTE GESEHEN: _____

HEUTE GEGESSEN: _____

HEUTE GELERNT: _____

Zeichne, was Du gesehen hast:

SO WAR MEIN TAG:

LIEBLINGSERINNERUNG HEUTE: _____

DAFÜR BIN ICH DANKBAR: _____

Standort: _____

N
W   E _____
S

WETTER:

HEUTE ERLEBT: _____
_____
_____
_____
_____

HEUTE GESEHEN: _____
_____
_____
_____

HEUTE GEGESSEN: _____
_____
_____
_____

HEUTE GELERNT: _____
_____
_____
_____
_____
_____

Zeichne, was Du gesehen hast:

SO WAR MEIN TAG:

LIEBLINGSERINNERUNG HEUTE:

DAFÜR BIN ICH DANKBAR:

Standort: _____

DATUM: _____

N
W ✦ E
S
_____
_____

WETTER:

HEUTE ERLEBT: _____

HEUTE GESEHEN: _____

HEUTE GEGESSEN: _____

HEUTE GELERNT: _____

Zeichne, was Du gesehen hast:

SO WAR MEIN TAG:

LIEBLINGSERINNERUNG HEUTE: _____

DAFÜR BIN ICH DANKBAR: _____

Standort: _____

_____

_____

DATUM: _____

WETTER:

HEUTE ERLEBT: _____

HEUTE GESEHEN: _____

HEUTE GEGESSEN: _____

HEUTE GELERNT: _____

Zeichne, was Du gesehen hast:

SO WAR MEIN TAG:

LIEBLINGSERINNERUNG HEUTE:

DAFÜR BIN ICH DANKBAR:

Standort: _____

DATUM: _____

WETTER:

N
W — E
S

HEUTE ERLEBT: _____

_____
_____
_____
_____

HEUTE GESEHEN: _____

_____
_____
_____

HEUTE GEGESSEN: _____

_____
_____
_____

HEUTE GELERNT: _____

_____
_____
_____
_____

Zeichne, was Du gesehen hast:

SO WAR MEIN TAG:

LIEBLINGSERINNERUNG HEUTE:

DAFÜR BIN ICH DANKBAR:

Standort: _____

DATUM: _____

WETTER:

N
W · E
S

HEUTE ERLEBT: _____
_____
_____
_____
_____

HEUTE GESEHEN: _____
_____
_____

HEUTE GEGESSEN: _____
_____
_____

HEUTE GELERNT: _____
_____
_____
_____

Zeichne, was Du gesehen hast:

SO WAR MEIN TAG:

LIEBLINGSERINNERUNG HEUTE: _____

DAFÜR BIN ICH DANKBAR: _____

Standort: _____

N
W ✦ E
S

WETTER:
☀ ⛅ ☁ 🌧

●●●

HEUTE ERLEBT: _____

_____

_____

_____

_____

_____

- -

HEUTE GESEHEN: _____

_____

_____

_____

- -

HEUTE GEGESSEN: _____

_____

_____

_____

- -

HEUTE GELERNT: _____

_____

_____

_____

_____

_____

Zeichne, was Du gesehen hast:

SO WAR MEIN TAG:

LIEBLINGSERINNERUNG HEUTE:

DAFÜR BIN ICH DANKBAR:

Standort: _____

DATUM: _____

N
W —✦— E
S

WETTER:

HEUTE ERLEBT: _____
_____
_____
_____
_____

HEUTE GESEHEN: _____
_____
_____
_____

HEUTE GEGESSEN: _____
_____
_____

HEUTE GELERNT: _____
_____
_____
_____
_____

Zeichne, was Du gesehen hast:

SO WAR MEIN TAG:

LIEBLINGSERINNERUNG HEUTE: _____

DAFÜR BIN ICH DANKBAR: _____

Standort: _____

N
W—E
S

DATUM: _____

WETTER:

☀ ⛅ ☁ 🌧

HEUTE ERLEBT: _____
_____
_____
_____
_____
_____

HEUTE GESEHEN: _____
_____
_____
_____

HEUTE GEGESSEN: _____
_____
_____
_____

HEUTE GELERNT: _____
_____
_____
_____
_____
_____

Zeichne, was Du gesehen hast:

SO WAR MEIN TAG:

LIEBLINGSERINNERUNG HEUTE: _____

DAFÜR BIN ICH DANKBAR: _____

Standort: _____

DATUM: _____

WETTER:

N
W E
S

HEUTE ERLEBT: _____

HEUTE GESEHEN: _____

HEUTE GEGESSEN: _____

HEUTE GELERNT: _____

Zeichne, was Du gesehen hast:

SO WAR MEIN TAG:

LIEBLINGSERINNERUNG HEUTE: _____

DAFÜR BIN ICH DANKBAR: _____

Standort: _____

DATUM: _____

WETTER:

N
W E
S

☀ ⛅ ☁ 🌧

●●

HEUTE ERLEBT: _____

_____
_____
_____
_____
_____

- -

HEUTE GESEHEN: _____

_____
_____
_____

- -

HEUTE GEGESSEN: _____

_____
_____
_____

- -

HEUTE GELERNT: _____

_____
_____
_____
_____
_____

Zeichne, was Du gesehen hast:

SO WAR MEIN TAG:

LIEBLINGSERINNERUNG HEUTE: _____

DAFÜR BIN ICH DANKBAR: _____

Standort: _____

N
W E
S

WETTER:

HEUTE ERLEBT: _____

HEUTE GESEHEN: _____

HEUTE GEGESSEN: _____

HEUTE GELERNT: _____

Zeichne, was Du gesehen hast:

SO WAR MEIN TAG:

LIEBLINGSERINNERUNG HEUTE:

DAFÜR BIN ICH DANKBAR:

Standort:

DATUM:

N
W — E
S

WETTER:

HEUTE ERLEBT:

HEUTE GESEHEN:

HEUTE GEGESSEN:

HEUTE GELERNT:

Zeichne, was Du gesehen hast:

SO WAR MEIN TAG:

LIEBLINGSERINNERUNG HEUTE:

DAFÜR BIN ICH DANKBAR:

Standort: _____

DATUM: _____

WETTER: ☀ ⛅ ☁ 🌧

HEUTE ERLEBT: _____

HEUTE GESEHEN: _____

HEUTE GEGESSEN: _____

HEUTE GELERNT: _____

Zeichne, was Du gesehen hast:

SO WAR MEIN TAG:

LIEBLINGSERINNERUNG HEUTE: _____

DAFÜR BIN ICH DANKBAR: _____

Standort: _____

DATUM: _____

WETTER:

_____

_____

HEUTE ERLEBT: _____

HEUTE GESEHEN: _____

HEUTE GEGESSEN: _____

HEUTE GELERNT: _____

Zeichne, was Du gesehen hast:

SO WAR MEIN TAG:

LIEBLINGSERINNERUNG HEUTE: _____

DAFÜR BIN ICH DANKBAR: _____

Standort: _____

DATUM: _____

N
W — E
S

WETTER:

HEUTE ERLEBT: _____

HEUTE GESEHEN: _____

HEUTE GEGESSEN: _____

HEUTE GELERNT: _____

Zeichne, was Du gesehen hast:

SO WAR MEIN TAG:

LIEBLINGSERINNERUNG HEUTE: _____

DAFÜR BIN ICH DANKBAR: _____

Standort: _____

DATUM: _____

WETTER:

☀ ⛅ ☁ 🌧

HEUTE ERLEBT: _____

HEUTE GESEHEN: _____

HEUTE GEGESSEN: _____

HEUTE GELERNT: _____

Zeichne, was Du gesehen hast:

SO WAR MEIN TAG:

LIEBLINGSERINNERUNG HEUTE: _____

DAFÜR BIN ICH DANKBAR: _____

Standort: _____

DATUM: _____

```
      N
W ——————————————— E
      S
```
_____

_____

WETTER:

☀ ⛅ ☁ 🌧

HEUTE ERLEBT: _____

_____

_____

_____

_____

_____

HEUTE GESEHEN: _____

_____

_____

_____

HEUTE GEGESSEN: _____

_____

_____

_____

HEUTE GELERNT: _____

_____

_____

_____

_____

_____

Zeichne, was Du gesehen hast:

SO WAR MEIN TAG:

LIEBLINGSERINNERUNG HEUTE: _____

DAFÜR BIN ICH DANKBAR: _____

Standort: _____

_____

DATUM: _____

WETTER:

HEUTE ERLEBT: _____
_____
_____
_____
_____
_____

HEUTE GESEHEN: _____
_____
_____
_____

HEUTE GEGESSEN: _____
_____
_____
_____

HEUTE GELERNT: _____
_____
_____
_____
_____

Zeichne, was Du gesehen hast:

SO WAR MEIN TAG:

LIEBLINGSERINNERUNG HEUTE: _____

DAFÜR BIN ICH DANKBAR: _____

Standort: _____

N
W ✦ E
S

WETTER:
☀ ⛅ ☁ 🌧

● ●

HEUTE ERLEBT: _____

_____

_____

_____

_____

- -

HEUTE GESEHEN: _____

_____

_____

_____

- -

HEUTE GEGESSEN: _____

_____

_____

_____

- -

HEUTE GELERNT: _____

_____

_____

_____

_____

Zeichne, was Du gesehen hast:

SO WAR MEIN TAG:

LIEBLINGSERINNERUNG HEUTE:

DAFÜR BIN ICH DANKBAR:

Standort: _____ DATUM: _____

N
W E
S
_____

WETTER:

HEUTE ERLEBT: _____

_____

_____

_____

_____

_____

HEUTE GESEHEN: _____

_____

_____

HEUTE GEGESSEN: _____

_____

_____

HEUTE GELERNT: _____

_____

_____

_____

_____

_____

Zeichne, was Du gesehen hast:

SO WAR MEIN TAG:

LIEBLINGSERINNERUNG HEUTE: _____

DAFÜR BIN ICH DANKBAR: _____

Standort: _____

DATUM: _____

WETTER:

N
W — E
S

HEUTE ERLEBT: _____

HEUTE GESEHEN: _____

HEUTE GEGESSEN: _____

HEUTE GELERNT: _____

Zeichne, was Du gesehen hast:

SO WAR MEIN TAG:

LIEBLINGSERINNERUNG HEUTE:

DAFÜR BIN ICH DANKBAR:

Standort: _____

DATUM: _____

WETTER:

_____

_____

HEUTE ERLEBT: _____

_____

_____

_____

_____

HEUTE GESEHEN: _____

_____

_____

_____

HEUTE GEGESSEN: _____

_____

_____

_____

HEUTE GELERNT: _____

_____

_____

_____

_____

Zeichne, was Du gesehen hast:

SO WAR MEIN TAG:

LIEBLINGSERINNERUNG HEUTE:

DAFÜR BIN ICH DANKBAR:

Standort: _____

DATUM: _____

```
      N
W ——◆—— E
      S
```
_____

WETTER:

☀ ⛅ ☁ 🌧

HEUTE ERLEBT: _____

_____

_____

_____

_____

- - - - - - - - - - - - - - - -

HEUTE GESEHEN: _____

_____

_____

- - - - - - - - - - - - - - - -

HEUTE GEGESSEN: _____

_____

_____

- - - - - - - - - - - - - - - -

HEUTE GELERNT: _____

_____

_____

_____

_____

Zeichne, was Du gesehen hast:

SO WAR MEIN TAG:

LIEBLINGSERINNERUNG HEUTE: _____

DAFÜR BIN ICH DANKBAR: _____

Standort: _____

DATUM: _____

WETTER:

HEUTE ERLEBT: _____

_____

_____

_____

_____

- -

HEUTE GESEHEN: _____

_____

_____

_____

- -

HEUTE GEGESSEN: _____

_____

_____

_____

- -

HEUTE GELERNT: _____

_____

_____

_____

_____

Zeichne, was Du gesehen hast:

SO WAR MEIN TAG:

LIEBLINGSERINNERUNG HEUTE: _____

DAFÜR BIN ICH DANKBAR: _____

Standort: _____

N
W ✦ E
S

WETTER:

HEUTE ERLEBT: _____

HEUTE GESEHEN: _____

HEUTE GEGESSEN: _____

HEUTE GELERNT: _____

Zeichne, was Du gesehen hast:

SO WAR MEIN TAG:

LIEBLINGSERINNERUNG HEUTE: _____

DAFÜR BIN ICH DANKBAR: _____

Standort: _____

DATUM: _____

WETTER:

☀ ⛅ ☁ 🌧

•••

HEUTE ERLEBT: _____
_____
_____
_____
_____

- - - - - - - - - - - - - - - - - - -

HEUTE GESEHEN: _____
_____
_____
_____

- - - - - - - - - - - - - - - - - - -

HEUTE GEGESSEN: _____
_____
_____
_____

- - - - - - - - - - - - - - - - - - -

HEUTE GELERNT: _____
_____
_____
_____
_____
_____

Zeichne, was Du gesehen hast:

SO WAR MEIN TAG:

LIEBLINGSERINNERUNG HEUTE: _____

DAFÜR BIN ICH DANKBAR: _____

Standort: _____

DATUM: _____

WETTER:

_____

N
W — E
S

_____

HEUTE ERLEBT: _____

_____

_____

_____

_____

_____

HEUTE GESEHEN: _____

_____

_____

_____

HEUTE GEGESSEN: _____

_____

_____

_____

HEUTE GELERNT: _____

_____

_____

_____

_____

Zeichne, was Du gesehen hast:

SO WAR MEIN TAG:

LIEBLINGSERINNERUNG HEUTE:

DAFÜR BIN ICH DANKBAR: